Ayudantes de animales
santuarios

por Jennifer Keats Curtis con
Karine Aigner, Amanda Byrne, Robert Casserl,
Sansa Collins, Pam Fulk, Lori Gagen, Kelly Grenier,
Willow Hecht, Holly Henry, y Lynda Sugasa

AF269620

Hace mucho tiempo, los animales salvajes únicamente vivían en la vida salvaje. Si estaban heridos o eran huérfanos, no había nadie que los cuidara. Y, nadie pensaba en tener uno. Pero hoy en día, algunas personas tienen animales salvajes como mascotas o para formar parte de un espectáculo. Y, una vez que estos encantadores, bebés adorables crecen en adultos con apetitos feroces, sus "dueños" pueden darse cuenta que no pueden hacerse cargo de estas "mascotas exóticas". Estas personas no tienen suficiente dinero o no pueden ayudarlos como lo pueden hacer los grandes zoológicos y acuarios.

Entonces, ¿qué les pasa a los animales cuando no pueden regresar a la vida salvaje porque sus "dueños" ya no pueden hacerse cargo de ellos y los animales están tan acostumbrados a las personas como para poder sobrevivir por sí mismos en la vida salvaje? ¿Quién los cuida? ¿Dónde?

Afortunadamente, existen santuarios, zoológicos de rescate e incluso, granjas de cuidado que rescatan a esos animales y les brindan un hogar permamente y seguro.

En algunos estados, no es ilegal tener un animal salvaje como mascota. Pero, nunca es una buena idea. ¿Quisieras que un tigre tomara una siesta en tu cama? ¿Cómo convencerías a tu mamá para alimentar carne cruda a este manturón?

Las personas pueden adoptar "mascotas exóticas" porque son tan diferentes. Adorables mientras son unos bebés, ellas pueden crecer hasta ser grandes, peligrosas y salvajes. No pueden ser domesticadas como los gatos, los perros y los conejos. Son caras para mantenerlas. Y, no puedes regresar a una mascota a la vida salvaje. Es por eso que Carolina Tiger Rescue es un hogar para las que fueron alguna vez mascotas exóticas, como ésta.

Alguna vez enfermos y muertos de hambre, los tigres Lilly y Titán fueron rescatados por The Wildcat Sanctuary. Ahí, parece ser que, se enamoraron. Hoy en día, la feliz pareja disfruta una vida juntos.

El lince Canadiense Kiki ya no
tiene garras. Sus dientes no son
filosos porque fueron limados.
Afortunadamente, cuando la "dueña"
envejeció y ya no pudo cuidarla, le
encontró un hogar para siempre en
Safe Haven Rescue Zoo.

A los gatos monteses Rufus y Tommie los encontraron en la vida salvaje cuando eran gatitos. Ambos están ciegos. Y, porque no pueden ver, no pueden acechar y saltar sobre sus presas - como los conejos y los ratones. Ahora, los dos están muy bien alimentados en Big Cat Rescue.

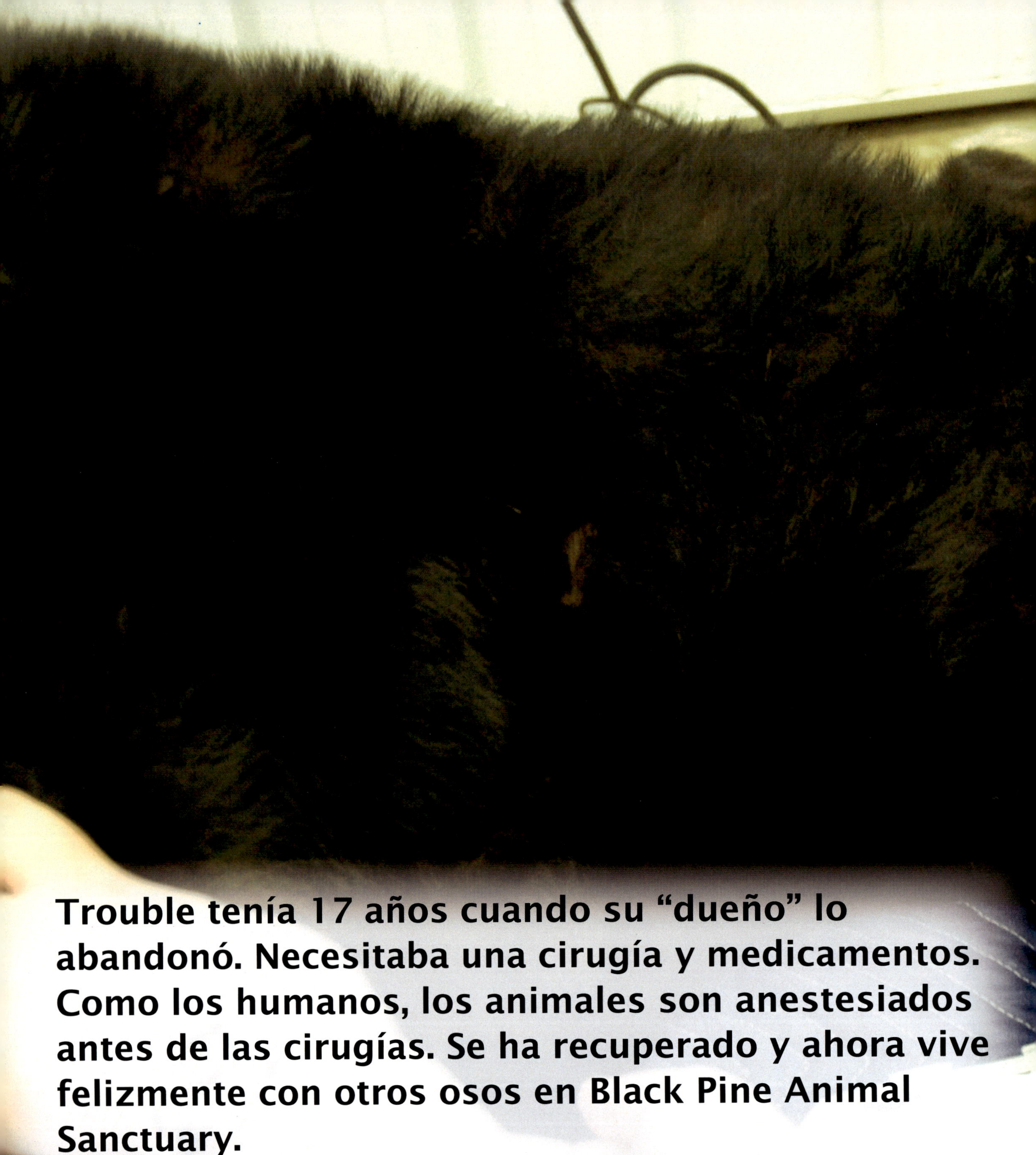

Trouble tenía 17 años cuando su "dueño" lo abandonó. Necesitaba una cirugía y medicamentos. Como los humanos, los animales son anestesiados antes de las cirugías. Se ha recuperado y ahora vive felizmente con otros osos en Black Pine Animal Sanctuary.

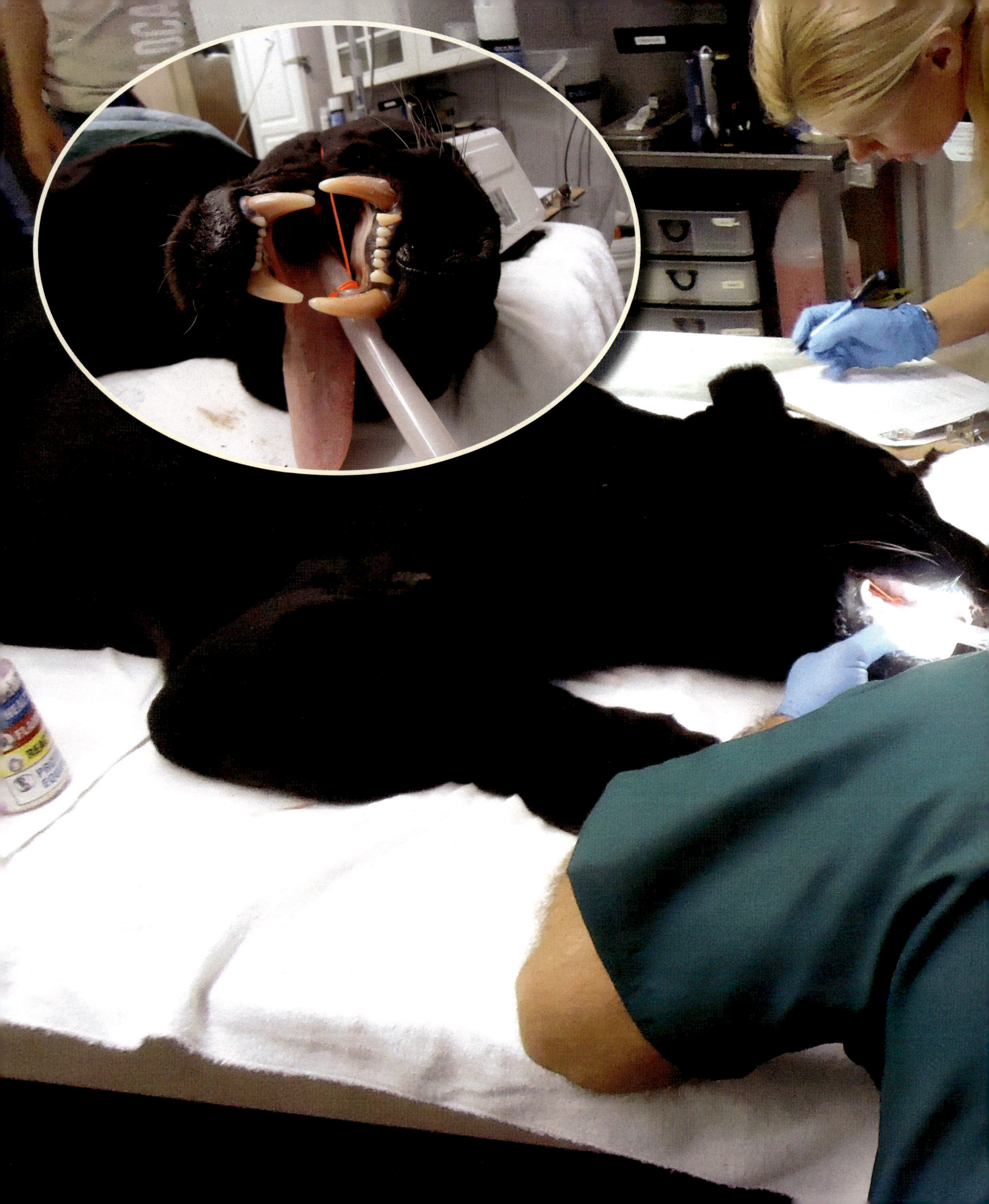

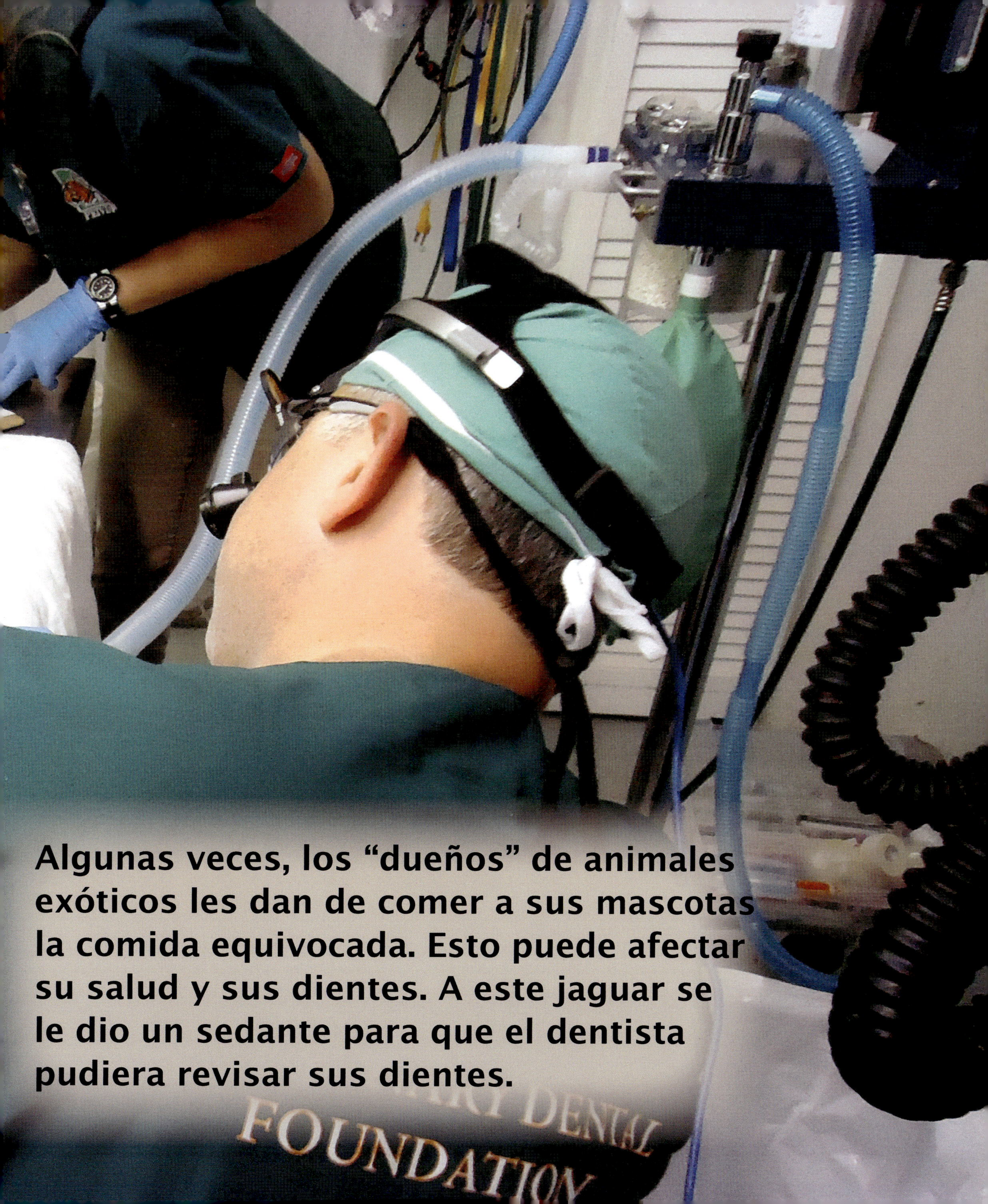

Algunas veces, los "dueños" de animales exóticos les dan de comer a sus mascotas la comida equivocada. Esto puede afectar su salud y sus dientes. A este jaguar se le dio un sedante para que el dentista pudiera revisar sus dientes.

El tigre Emerson es entrenado por medio de un adiestramiento de "clicker". Su guardián quiere revisarle el estómago para ver si tiene llagas. Ella aprieta el botón para hacer "click" y sube la mano para que él se pare sobre sus patas traseras. Cuando Emerson obedece, el guardián puede revisarlo y él obtiene una recompensa. (Le gusta el pollo).

En muchos centros de rescate, los animales aprenden mandatos pero no trucos. Este "condicionamiento instrumental" es utilizado para reforzar un buen comportamiento así como, las personas utilizan el adiestramiento de "clicker" para entrenar a los perros. Los animales son inteligentes y parecen disfrutar del entrenamiento. Aprenden rápidamente que si siguen los mandatos, obtienen un premio delicioso.

El cuidado diario se lleva al cabo desde afuera de las jaulas. Los veterinarios pueden rociar el medicamento contra las pulgas en la parte trasera del cuello de los tigres, tomar muestra de sangre de la pata trasera y ofrecer medicina dentro de la carne por medio de un palo.

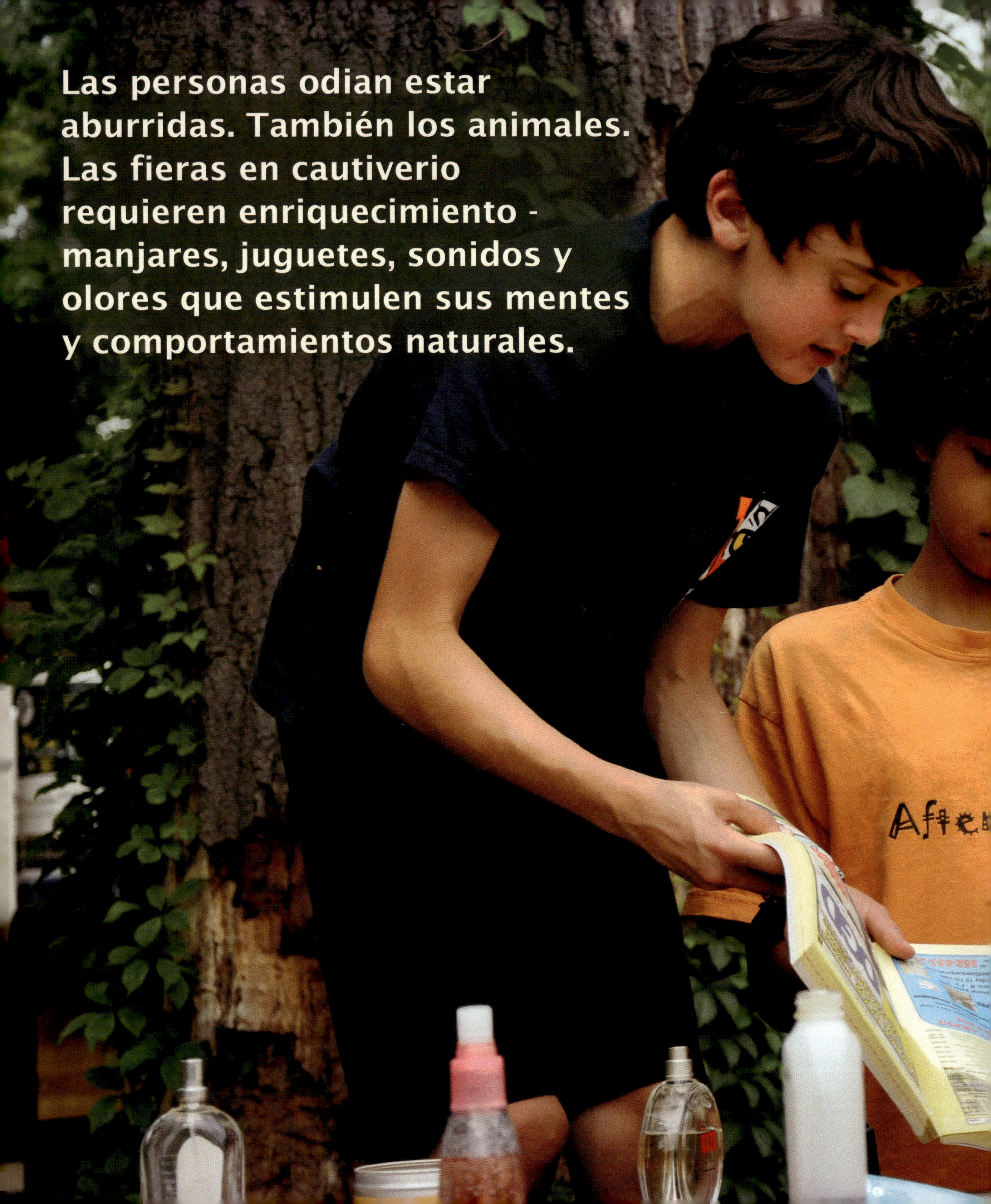

Las personas odian estar aburridas. También los animales. Las fieras en cautiverio requieren enriquecimiento - manjares, juguetes, sonidos y olores que estimulen sus mentes y comportamientos naturales.

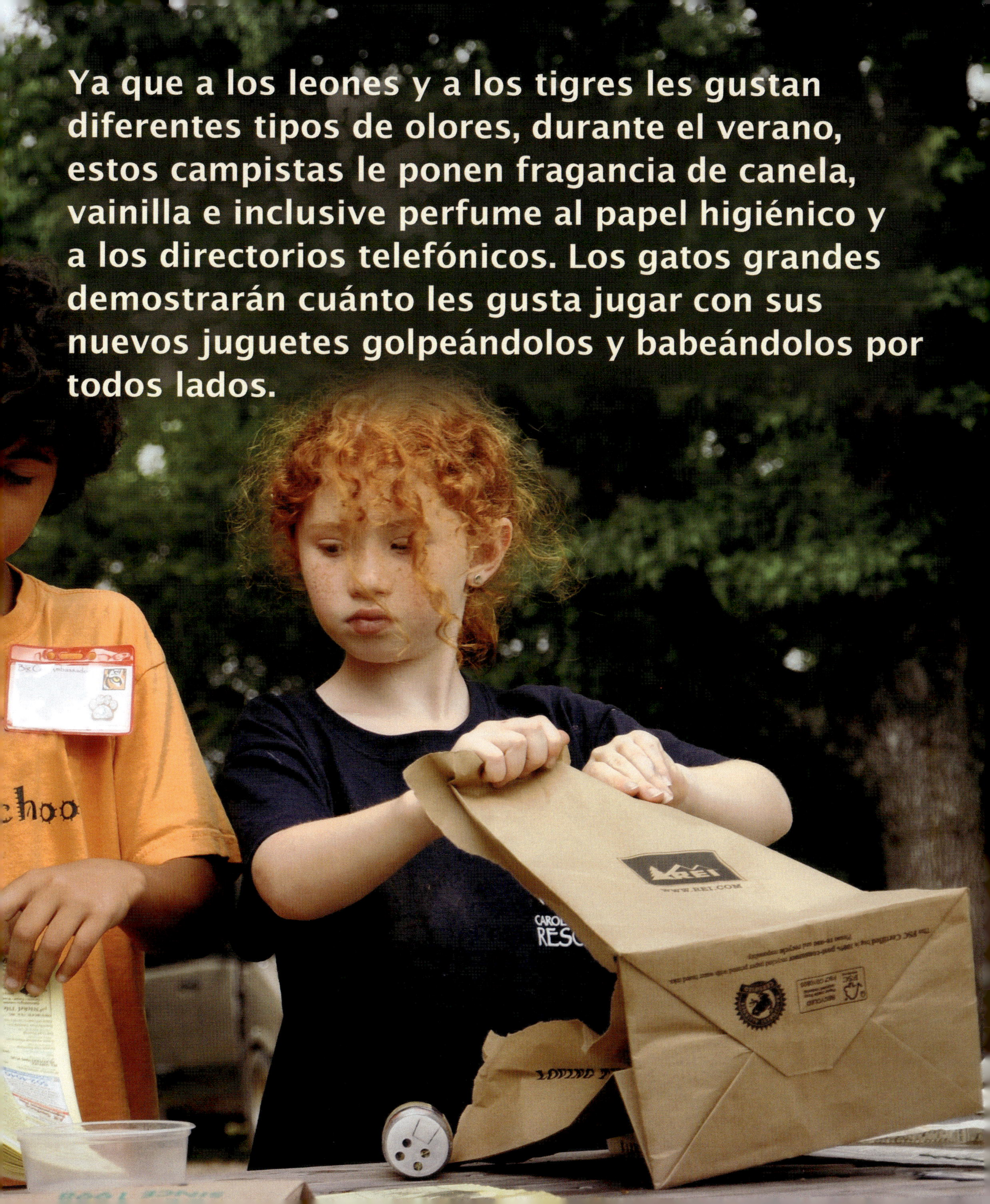

Ya que a los leones y a los tigres les gustan diferentes tipos de olores, durante el verano, estos campistas le ponen fragancia de canela, vainilla e inclusive perfume al papel higiénico y a los directorios telefónicos. Los gatos grandes demostrarán cuánto les gusta jugar con sus nuevos juguetes golpeándolos y babeándolos por todos lados.

Para llevar un récord de qué es lo que los animales disfrutan más, algunas veces los voluntarios registran sus reacciones.

¿Crees que este tigre está disfrutando el show con "marionetas"?

También, los animales de la granja y los de compañía pueden necesitar nuevos hogares. Cuando la cerdita Lisa alcanzó las 700 libras, sus dueños no podían mantenerla encerrada. Afortunadamente, Sanctuary One le ofreció un espacio. Con un chillido agudo, ahora este amistoso e inteligente animal se rueda alegremente para que le rasquen la panza.

El cuidado de animales rescatados es importante pero sucio. Es muy caro alimentar esos animales. El personal es limitado. Los voluntarios ayudan con trabajos como mover y restregar las jaulas, limpiar, alimentar, recoger los excrementos y lavar los contenedores de agua.

WildcatSanctuary.org

Para las mentes creativas

La sección educativa "Para las mentes creativas" puede ser fotocopiada o impresa de nuestra página Web por el propietario de este libro para usos educativos o no comerciales. "Actividades educativas" extra curriculares, pruebas interactivas, e información adicional están disponibles en línea. Visite www.ArbordalePublishing.com y haga clic en la portada del libro y encontrará todos los materiales adicionales.

¿Animales domésticos, animales exóticos o animales de granja?

Las mascotas son domesticadas. Son animales de compañía y viven con las personas en los hogares y en las granjas. Los gatos y los perros son mascotas muy comunes. En algunas ocasiones, las personas tienen animales exóticos como mascotas. Aunque las personas tengan a los "animales exóticos" desde muy pequeños, ellos continúan teniendo instintos salvajes.

Los animales de la granja son criados para producir alimentos (como leche, huevos o carne) o fibra (lana) para los humanos.

¿Cuáles animales son mascotas, animales exóticos o animales de granja (ganado)?

Respuestas: Domésticos: gato, perro. Exóticos: zorro del ártico, manturón, lince Canadiense, perro de monte, tigre, lobo. Granja: vaca, chivo, llama, cerdo.

Santuarios

Los santuarios para animales son sus "hogares para siempre". Para los animales, son lugares seguros para vivir por el resto de sus vidas. Los animales serán cuidados y alimentados pero tendrán suficiente lugar para pasearse y así, mantenerse saludables. ¿Pero cómo y por qué llegan ahí los animales?

A los animales los pueden lastimar o pueden quedar huérfanos. Pueden ser atropellados por autos y pueden ser lastimados protegiéndose a sí mismos de los depredadores. Los animales salvajes que no pueden ser regresados a su entorno natural pueden vivir en zoológicos de rescate, santuarios o centros de educación.

Las personas que adoptan mascotas exóticas no siempre se dan cuenta cuánto pueden llegar a crecer y cuánto pueden llegar a comer estos animales. Inclusive, los animales exóticos que son criados desde pequeños tienen instintos salvajes. Esos instintos pueden ser peligrosos para los humanos. Cuando la gente se da cuenta que ya no pueden cuidar de sus mascotas exóticas, cuando son adultas, los animales ya no pueden ser liberados a la vida salvaje. Generalmente, estos animales terminan en los santuarios.

Algunos animales que viven en los santuarios fueron maltratados o descuidados por sus dueños.

Los animales del circo y otros animales "de trabajo" que ya no pueden realizar su trabajo generalmente, son llevados a vivir a los santuarios.

Es muy caro rescatar, transportar, dar un hogar, alimentar y cuidar de los animales, especialmente animales grandes y peligrosos. Algunos centros y orfanatorios de animales salvajes se han quedado sin dinero. Existen únicamente unos cuantos lugares que cuentan con un lugar y que pueden encargarse del cuidado de estos animales.

Muy a menudo, los centros cooperan para ahorrar dinero. Por ejemplo, Safe Haven Rescue Zoo, Big Cat Rescue y Wildcat Sanctuary han trabajado juntos en varios rescates, salvando linces, gatos monteses, leones y tigres de las atracciones de pueblo en pueblo, orfanatos de animales exóticos en banca rota y zoológicos en traspatios.

Detrás de cámaras

Se necesitan muchos ayudantes para cuidar de los animales que viven en zoológicos de rescate, santuarios o en granjas. Los veterinarios, cuidadores y voluntarios:

Preparan los alimentos, alimentan y bañan a los animales.

Cuidan y previenen las enfermedades y las heridas.

Limpian, construyen y arreglan recintos y jaulas.

Atrapan, enjaulan y transportan a los animales cuando es necesario.

Entrenan animales y registran su salud y su comportamiento.

Enriquecen las vidas de los animales ofreciéndoles diferentes actividades y comidas.

Seis organizaciones que ayudan a los animales compartieron sus historias. ¿Puedes encontrarlas en el mapa? ¿Algunos de estos lugares se encuentran cerca de donde tú vives?

Big Cat Rescue (Tampa, FL)

Black Pine Animal Sanctuary (Albion, IN)

Carolina Tiger Rescue (Pittsboro, NC)

Safe Haven Rescue Zoo (Imlay, NV)

Sanctuary One at Double Oak Farm (Jacksonville, OR)

The Wildcat Sanctuary (Sandstone, MN)

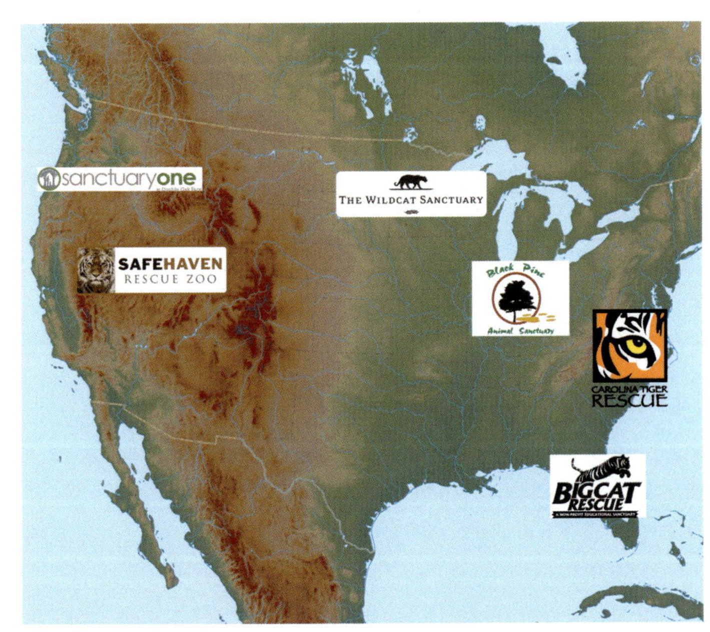

Enriquecimientos de animales

Los animales salvajes son animales muy ocupados. Ellos no pueden manejar a la tienda para comprar alimentos. Tienen que encontrarlos, por eso, buscan qué plantas pueden comer. O, cazan a otros animales. Y, tienen que evitar a los depredadores que quieren comérselos. Ellos necesitan encontrar lugares seguros para descansar y para dormir. Pero ¿qué les pasa a los animales en cautiverio, esos que viven en santuarios o en granjas? ¿Pueden llegar a aburrirse? Para mantener las mentes activas y saludables de los animales en cautiverio, los ayudantes les dan enriquecimiento. ¿Cuáles de las siguientes ilustraciones crees que puedan enriquecer las vidas de los animales?

¿Te gusta jugar con la pelota? También a los animales. Ellos la persiguen, la patean y ruedan en pelotas especiales.

Las narices de los gatos adultos son 14 veces "mejores" que las nuestras. Los campistas y voluntarios ponen condimentos dentro de las cajas de cartón y bolsas de papel. Les avientan estas cosas a los gatos quienes jugarán con ellas. Algunas veces, ¡los gatos hasta las patean como pelotas de fútbol!

A los animales les gusta jugar con animales de peluche, igual que a ti.

¿Te gusta pintar con el dedo? Muchos animales disfrutan pintar con sus "patas". Este tigre parece estar cansado después de hacerlo.

Tal y como los gatos domésticos, a los gatos adultos les gusta subirse y sentarse en lo alto para que puedan ver lo que está pasando. La mayoría de los recintos para estos animales incluyen perchas altas para que se sienten y observen lo que sucede alrededor. Muchos árboles facilitan que los gatos se trepen a ellos.

Los santuarios cuentan con áreas para vivir similares su medio ambiente nativo. Así como lo haría en la vida salvaje, este serval ha salido de su escondite para saltar sobre su presa.

A los tigres les gusta el agua; ¡hasta pueden tomar baños de burbujas! Esto hace que a veces sea difícil disciplinarlos. Cuando los gatos adultos pelean, los ayudantes pueden rociarlos con agua en la cara para separarlos. Pero esto no funciona con los tigres ¡porque les gusta!

Algunas veces, los animales son enjaulados en parejas para que se hagan compañía.

Respuestas: Todas son formas de enriquecimiento

Gracias a las siguientes organizaciones sin fines de lucro por compartir su amor hacia los animales con nosotros:
Big Cat Rescue, Tampa, FL: www.bigcatrescue.org
Black Pine Animal Sanctuary, Albion, IN: www.blackpine.org
Carolina Tiger Rescue, Pittsboro, NC: www.carolinatigerrescue.org
Safe Haven Rescue Zoo, Imlay, NV: www.safehavenwildlife.com
Sanctuary One at Double Oak Farm, Jacksonville, OR: www.sanctuaryone.org
The Wildcat Sanctuary, Sandstone, MN: www.wildcatsanctuary.org (crédito por la fotografía de portada)

Library of Congress — Datos de Publicación

Curtis, Jennifer Keats.
  Sanctuaries / by Jennifer Keats Curtis ; con Karine Aigner [y nine others].
    pages cm. -- (Animal helpers)
  Edad del nivel de interés: 4-9.
  Grado del nivel de interés: K to grade 3.

ISBN 978-1-60718-611-3 (portada dura en Inglés) -- ISBN 978-1-60718-623-6 (portada suave en Inglés) -- ISBN 978-1-60718-635-9 (eBook en Inglés) -- ISBN 978-1-60718-647-2 (eBook en Español)
También disponible en cambio de hoja y lectura automática, página en 3era. dimensión, y selección de textos en Inglés y Español y libros de audio eBooks -- ISBN 978-1-60718-659-5

Aigner, Karine. II. Title.
  QL83.2.C865 2013
  636.08'32--dc23   2012039949

Título original: Animal Helpers: Sanctuaries
Título en Español: Ayudantes de animales: los santuarios
Traducido por Rosalyna Toth.

Libros en estas series: Ayudantes de animales: Rehabilitadores de animales salvajes, Ayudantes de animales: santuarios, Ayudantes de animales: Zoológicos (título a futuro), Ayudantes de animales: Acuarios (título a futuro), Ayudantes de animales: Centros para animales de rapiña (título a futuro)

El Sistema Lexile: 860

Elaborado en lose EE.UU.
Este producto se ajusta al CPSIA 2008

Arbordale Publishing
anteriormente Sylvan Dell Publishing
Mt. Pleasant, SC 29464